NOTE PRÉLIMINAIRE

Le législateur s'obstine dans la déplorable habitude d'insérer des dispositions d'ordre fiscal dans des lois dont le titre ne laisse pas supposer qu'elles en peuvent contenir.

Il conviendrait, cependant, puisque personne n'est censé ignorer la loi, qu'un simple coup d'œil jeté sur le « Sommaire » de la « Partie Officielle » du *Journal Officiel* révélât chaque jour à chacun l'existence des modifications que subit notre régime fiscal. On ne saurait accuser de se montrer trop exigeants ni les citoyens qui réclament que le titre des lois soit en concordance avec leur objet ni les contribuables qui protestent contre l'obligation de dépouiller entièrement tous les textes législatifs et d'en éplucher tous les articles, pour découvrir, dans quelque coin, une disposition fiscale qu'ils ont le devoir de connaître dès son apparition puisqu'il peut leur en être fait l'application vingt-quatre heures après sa promulgation.

Or, de fait, les diverses dispositions d'ordre fiscal que nous réunissons dans la présente brochure ont été insérées dans neuf lois promulguées entre le 29 Décembre 1922 et le 31 Mars 1923, dont trois seulement sont des textes purement fiscaux. C'est dans trois lois de Douzièmes Provisoires du budget ordinaire, deux lois de Douzièmes Provisoires du budget sur dépenses recouvrables et une loi de régularisation de crédits que se trouvent disséminées et perdues les autres modifications apportées en moins de quatre mois à notre régime fiscal !

Voici, d'ailleurs, dans leur ordre chronologique, les lois dont sont extraites les dispositions fiscales nouvelles insérées dans notre présente brochure.

La loi du 28 Décembre 1922 (J. Off. 29 Décembre 1922, p. 12.409) portant ouverture et annulation de crédits sur l'exercice 1922 modifie, par ses articles 23 et 24, le *régime fiscal applicable : 1° aux cessions de parts sociales, et 2° à celles des actions ou des parts de fondateurs dont les titres ne sont pas matériellement créés.*

La première loi de Douzièmes Provisoires pour le budget ordinaire de 1923, du 31 Décembre 1922, (J. Off. 1er Janvier 1923, p. 3) réorganise par son article 7 la COMMISSION SUPÉRIEURE DES BÉNÉFICES DE GUERRE, et deux décrets du 6 Janvier 1923, ont été pris en application de la loi précédente : le premier nomme les membres, les rapporteurs, le secrétaire et les secrétaires adjoints de cette commission ; le second donne pouvoir au président de régler les conditions de la répartition des affaires entre les sections.

La première loi de Douzièmes Provisoires pour le budget des dépenses recouvrables de 1923, du 31 Décembre 1922, (J. Off. 1er Janvier 1923, p. 44) proroge, par son article 11, le délai de DÉCLARATION DES SUCCESSIONS OUVERTES DANS LES RÉGIONS ENVAHIES.

La deuxième loi de Douzièmes Provisoires pour le budget ordinaire de 1923, du 28 Février (J. Off. 1er Mars, p. 1950) contient des dispositions concernant le régime fiscal de l'ALCOOL DÉNATURÉ, DES HUILES ET ESSENCES DE PÉTROLE, le DROIT DE CIRCULATION DES BOISSONS, la TAXE DE 15 % SUR LES VINS CLASSÉS DE LUXE, les TAXES TÉLÉPHONIQUES INTERNATIONALES.

Une loi en date du 28 Février 1923 (J. Off. 1er Mars. p. 1.996) réglemente à nouveau le PRIVILÈGE DES BOUILLEURS DE CRU.

La troisième loi de Douzièmes Provisoires pour le budget ordinaire de 1923, du 30 Mars (J. Off. du 31 Mars, p. 3.218) contient des dispositions touchant à la législation de l'IMPOT SUR LES TRAITEMENTS, SALAIRES, PENSIONS ET RENTES VIAGÈRES, à celle de l'IMPOT SUR LES REVENUS DES PRO-

É CENTRAL D'ÉTUDES ET DE DÉFENSE FISCALE
Rue Croix-des-Petits-Champs, PARIS (1er Arrond.t)
Téléphone : Louvre 05-82

LES DISPOSITIONS FISCALES

contenues dans les

Textes Législatifs promulgués

entre le 28 Décembre 1922 et le 1er Mai 1923

PRIX : **2 francs**

Nos adhérents bénéficient d'une remise de 40 %

MAI 1923

CONSEIL DU COMITÉ CENTRAL D'ÉTUDES ET DE DÉFENSE FISCALE

PRESIDENT : M. R.-S. CARMICHAEL, Président de l'Union des Syndicats Patronaux des Industries Textiles de France.

VICE-PRÉSIDENTS : M. DE ROUSIERS, Secrétaire Général du Comité Central des Armateurs de France ; — M. DUCHEMIN, Président de l'Union des Industries Chimiques.

TRÉSORIER : M. Roger LEHIDEUX, Président de l'Union Syndicale des Banquiers de Paris et de la Province.

MEMBRES CONSEILLERS. — MM. BAUCHÈRE, Président de la Fédération des Chambres Syndicales des Fabricants de Chaux et Ciments de France ; — BOURDEL, Président de la Fédération des Syndicats des Maîtres-Imprimeurs ; — BORDEREL, Président Honoraire du Groupe des Chambres Syndicales du Bâtiment ; — CHASLES, Président de l'Association Nationale de la Meunerie Française ; — DELLOYE, Président du Syndicat des Fabricants de Sucre de France ; — DUPUIS, Vice-Président de la Fédération des Industriels et Commerçants Français ; — GUÉRINEAU, Président de la Chambre Syndicale de la Céramique et de la Verrerie ; — HITIER, Administrateur Général de la Société des Agriculteurs de France ; — HOUETTE, Chambre Syndicale des Propriétés Immobilières de la Ville de Paris ; — LAMBERT-RIBOT, Secrétaire Général de l'Union des Industries Métallurgiques et Minières ; — LEMY, Président de l'Union des Syndicats de l'Alimentation en Gros de France ; — MARC, Président de l'Union de la Propriété-Bâtie de France ; — Gaston MARTIN, Président de la Chambre Syndicale du Commerce des Papiers de France ; — MATIGNON, Président de l'Union Syndicale des Compagnies d'Assurances à Primes Fixes de toute nature ; — DE PEYERIMHOFF, Vice-Président du Comité Central des Houillères de France ; — PREVET, Président Honoraire de l'Union des Syndicats de l'Alimentation en Gros de France ; — F. ROY, Vice-Président de l'Union des Syndicats Patronaux des Industries Textiles de France.

SECRÉTAIRE GÉNÉRAL : M. G. LECARPENTIER, Docteur en Droit, Diplômé de l'Ecole des Sciences Politiques.

STATUTS

Article premier. — Il est formé par les présentes, entre les fondateurs et tous ceux qui adhèreront aux présents statuts, une Association conformément à la loi de 1901. — Elle a pour objet l'étude et la sauvegarde des intérêts généraux de l'Agriculture, du Commerce, de l'Industrie, etc., en premier lieu au point de vue fiscal.

(Voir la suite à la page 3 de la Couverture.)

FESSIONS NON COMMERCIALES, à celle de l'IMPOT GÉNÉRAL SUR LE REVENU, au PRIX DES TABACS, et, enfin, à la TAXE SUR LE CHIFFRE D'AFFAIRES.

La troisième des lois de Douzièmes Provisoires du budget sur dépenses recouvrables de 1923, du 30 Mars 1923 (J. Off. du 31 Mars, p. 3.265) contient des dispositions concernant la RÉPRESSION DES FRAUDES EN MATIÈRE D'EXPORTATIONS DE LA CORSE A DESTINATION DU CONTINENT FRANÇAIS, le DROIT DE CONSOMMATION SUR L'ACIDE CARBONIQUE, les HUILES LOURDES DESTINÉES AU CHAUFFAGE OU A L'ALIMENTATION DES MOTEURS, l'AFFRANCHISSEMENT DES AVERTISSEMENTS ET AVIS ENVOYÉS AUX CONTRIBUABLES PAR LES PERCEPTEURS DES CONTRIBUTIONS ET LES AGENTS QUALIFIÉS DES AUTRES RÉGIES.

Une loi du 30 Mars (J. Off. du 31 Mars, p. 3.265) modifie l'IMPOT SUR LE CHIFFRE D'AFFAIRES en tant qu'il s'applique aux affaires de vente des véhicules *automobiles* et de *leurs accessoires.*

Une loi du 30 Mars (J. Off. du 31 Mars p. 3.218) fixe pour l'année 1923 les coefficients des bénéfices agricoles.

Une loi du 31 Mars (J. Off. du 1er Avril. p. 3.298) introduit dans le département du Bas-Rhin, du Haut-Rhin et de la Moselle diverses dispositions de la loi du 31 Juillet 1917 concernant l'établissement des impôts cédulaires sur les revenus et de la législation française relative à la redevance des mines.

Il nous faut aussi signaler un décret du 19 Janvier (J. Off. 26 Janvier 1923, p. 866) autorisant le PAIEMENT PAR MANDAT CONTRIBUTIONS DE CERTAINS IMPOTS INDIRECTS.

Une loi du 30 Mars, publiée à l'Officiel du 31 Mars a créé un *sous-secrétariat d'Etat au Ministère des Finances,* et un décret du 31 Mars, publié au J. Off. du 1er Avril, pris en vertu de cette loi, a fixé les attributions du Secrétaire d'Etat.

Enfin, par deux décrets du 26 Avril publiés à l'Officiel du 27, l'*Administration Centrale du Ministère des Finances* est réorganisée.

LE REGIME FISCAL

des Cessions de Parts Sociales et des Actions ou Parts de Fondateurs dont les Titres ne sont pas matériellement créés

---

1. — Ce régime résulte des dispositions contenues dans les art. 23 et 24 de la loi du 28 Décembre 1922 (J. Off. 29 Décembre, p. 12407) portant régularisation de crédits ouverts par décret et ouverture et annulation de crédits.

Les dispositions de ces articles ont été motivées par le fait qu'un arrêt de la Cour de Cassation du 2 Mai 1922 — contraire à la jurisprudence antérieure — a décidé que pour l'application du droit de transmission l'expression TITRE figurant dans l'art. 6 de la loi du 23 Juin 1857 devait se comprendre dans le sens de titre matériel et que, si un tel titre n'existait pas, l'impôt de transmission n'était pas exigible.

DROIT PROPORTIONNEL SUR LES CESSIONS DE PARTS DANS LES SOCIÉTÉS, COMPAGNIES OU ENTREPRISES DONT LE CAPITAL N'EST PAS DIVISÉ EN ACTIONS

2. — Du fait que le Capital d'une Société, compagnie ou entre-
pas n'est pas divisé en actions, les parts de ce capital ne revêtant
dence la forme d'un titre au sens où, d'après la nouvelle jurispru-
prise de la Cour de Cassation, l'art. 6 de la loi du 23 Juin 1857 entend ce terme, c'est-à-dire un titre matériel, n'étaient pas frappées, lors de leur mutation, du droit prévu par ladite loi. Ces parts n'étaient soumises qu'au droit de 0 f. 50 °/ₒ plus deux décimes et demi institué par l'art. 69 parag. 2, n° 6, de la loi du 22 Frimaire An VII.

L'art. 23 de la loi du 28 Décembre 1922 a porté à 0 f. 90 par cent francs, sans addition de décimes, le tarif du droit proportionnel édicté par l'art. 69 parag. 2, n° 6, de la loi du 22 Frimaire An VII, en tant qu'il s'applique aux cessions de parts dans les sociétés, compagnies et entreprises dont le capital n'est pas divisé en actions.

Texte de l'article 23 :

Art. 23. — Est porté à quatre-vingt-dix centimes par cent fr. (0.90 p. 100) sans addition de décimes, le tarif du droit proportionnel édicté par l'art. 69, parag. 2, n° 6, de la loi du 22 Frimaire An VII, en tant qu'il s'applique aux cessions de parts dans les sociétés, compagnies ou entreprises dont le capital n'est pas divisé en actions..

DROIT PROPORTIONNEL SUR LE DROIT INCORPOREL D'ACTIONNAIRE OU DE TITULAIRE DE PART DE FONDATEUR DANS LES SOCIÉTÉS, COMPAGNIES OU ENTREPRISES DONT LE CAPITAL EST DIVISÉ EN ACTIONS TANT QUE LES TITRES REPRÉSENTATIFS DE CES DROITS N'ONT PAS ENCORE ÉTÉ MATÉRIELLEMENT CRÉÉS.

3. — En vertu du deuxième alinéa de l'art. 6 de la loi du 23 Juin 1857, le droit de transmission qui frappait les cessions de titres ou promesses d'actions ou d'obligations, conformément au premier alinéa du même article, se trouvait transformé en une taxe annuelle du moment que le titre était au porteur ou que la transmission pouvait s'opérer sans un transfert sur les registres de la société, en prenant pour base la valeur au cours moyen pendant l'année précédente.

L'art 24 de la loi du 28 Décembre 1922 vient d'établir que le droit incorporel de l'actionnaire ou du titulaire de la part de fondateur est immédiatement passible de la taxe annuelle et obligatoire instituée par l'art. ci-dessus visé de la loi du 23 Juin 1857, et ce, au taux de 0 f. 50 °/₀.

Un second alinéa établit d'ailleurs que moyennant le paiement de cette taxe, toute transmission à titre onéreux de ce droit incorporel pendant la période qui précède la création matérielle des titres, est affranchie de tout autre droit de mutation, quelque soit la forme sous laquelle cette transmission ait été constatée.

Texte de l'article 24 :

Art. 24. — Dans les Sociétés, compagnies au entreprises dont le capital est divisé en actions, mais qui n'ont pas encore créé matériellement leurs titres, le droit incorporel de l'actionnaire ou du titulaire de la part de fondateur est immédiatement passible de la taxe annuelle et obligatoire instituée par l'art. 6, deuxième alinéa, de la loi du 23 Juin 1857, au taux de 0.50 p. 100 fixé par l'article 49 de la loi du 25 Juin 1920.

Pendant la période qui précède la création matérielle des titres, les transmissions à titre onéreux de ce droit incorporel, sous quelque forme qu'elles soit constatées, sont affranchies de tout autre droit de mutation.

Commission Supérieure des Bénéfices de Guerre

4. — Les dispositions contenues dans l'art. 7 de la loi du 31 Décembre 1922 (Douzièmes Provisoires) réorganisent la *Commission Supérieure des Bénéfices de Guerre.*

Ces dispositions ont pour but de remplacer les alinéas 3 à 7 de l'art. 11 de la loi du 1er Juillet 1916.

C'est, en somme, une refonte des différents articles des lois qui avaient ultérieurement modifié l'art. 11 de la loi du 1er Juillet 1916, mais de plus le nouveau texte crée une quatrième section au sein de la Commission Supérieure.

Texte de l'article 7 :

Art. 7. — Les alinéas 3 à 7 de l'art. 11 de la loi du 1er juillet 1916, modifié et complété par les articles 8 de la loi du 31 décembre 1917, 16 de la loi du 31 décembre 1918, 2 de la loi du 9 mars 1920 et 2 de la loi du 7 mars 1921, sont remplacés par les dispositions ci-après :

« Ces appels sont portés devant une commission supérieure siégeant au ministère des Finances et présidée par un président de section du Conseil d'Etat désigné par le ministre de la justice.

« Cette Commission est composée de quatre sections dont chacune comprend :

« Un Conseiller d'Etat en service ordinaire, désigné par le ministre de la justice ;

« Un maître des requêtes au Conseil d'Etat, également désigné par le ministre de la justice ;

« Un Conseiller référendaire à la cour des comptes ou un inspecteur des finances désigné par le ministre des finances ;

« Trois membres dont un au moins résidant à Paris, désignés par la réunion des présidents de chambres de commerce ou, à défaut, par le ministre du commerce et de l'industrie.

« Chaque membre d'une section peut être remplacé, au besoin, par un membre d'une autre section appartenant à la même catégorie.

« Les séances de chaque section sont présidées soit par le président de la commission plénière, soit par le conseiller d'Etat ou, à défaut, par le maître des requêtes aû Conseil d'Etat.

« Les sections réunies délibèrent en assemblée plénière sur les affaires dont le renvoi à cette assemblée a été ordonné par le président de la commission supérieure ou par une section.

« En l'absence du président de la commission supérieure, l'assemblée plénière est présidée par le plus ancien des conseillers d'Etat présents.

« Le directeur général et les deux administrateurs des contributions directes siègent avec voix délibérative à l'assemblée plénière. L'un d'eux siège également avec voix délibérative à chaque section.

« Sont adjoints à la commission, en qualité de rapporteurs avec voix délibérative dans les affaires dont le rapport leur est confié :

« Des maîtres des requêtes et des auditeurs au Conseil d'Etat désignés par le ministre de la justice ;

« Des conseillers référendaires et des auditeurs à la cour des comptes, désignés par le ministre des finances ;

« D'anciens fonctionnaires supérieurs de l'administration des Finances ou d'anciens membres du Conseil d'Etat, de la cour des comptes ou des cours d'appel, également désignés par le ministre des finances.

« Les fonctions de secrétaire de la commission sont remplies par un agent supérieur de la direction générale des contributions directes.

« Des agents de l'administration des contributions directes sont en outre désignés pour remplir les fonctions de secrétaire adjoint sous la direction du secrétaire et pour le suppléer en cas de besoin.

« Un règlement d'administration publique pourra, quand l'état des des travaux le permettra, réduire le nombre des sections ci-dessus prévues »

5. — Le *Journal Officiel* du 7 Janvier 1923 contient la publication de deux décrets, en date du 6 Janvier, qui réorganisent la Commission Supérieure des Bénéfices de Guerre.

Le premier de ces décrets donne la liste des membres dont se composeront les 4 sections entre lesquelles seront réparties les affaires (art. 1er).

La liste des fonctionnaires adjoints à la Commission en qualité de rapporteurs est fixée par l'art. 2.

L'art. 3 désigne le secrétaire et les 3 secrétaires adjoints de la Commission.

6. — *Le second décret* modifie l'art. 11 du décret du 12 Juillet 1916 en ce qui concerne l'attribution des affaires à chacune des sections de la Commission.

L'art. 11 du décret du 12 Juillet 1916 était ainsi conçu :

« Le président désigne celle des sections qui doit inscrire la première requête, puis l'attribution des affaires est faite à chacune des sections, sauf jonction des pourvois connexes, alternativement et dans l'ordre fixé par l'enregistrement ».

Aux termes de la nouvelle rédaction. « Le président règle les conditions dans lesquelles les affaires sont attribuées à chacune des sections de la Commission ».

Le nouveau décret ne touche pas aux dispositions des art. 12, 13 et 14 du décret du 12 Juillet 1916.

Texte du 1er décret.

Le Président de la République française,

Vu la loi du 1er juillet 1916, concernant l'établissement d'une contribution extraordinaire sur les bénéfices extraordinaires ou supplémentaires réalisés pendant la guerre ;

Vu les lois du 31 décembre 1917, 31 décembre 1918, 9 mars 1920, 7 mars 1921 et 31 décembre 1922, modifiant et complétant la loi du 1er juillet 1916 ;

Vu les désignations faites par la réunion des présidents des chambres de commerce ;

Sur les propositions du ministre des finances, du garde des sceaux, ministre de la justice, et du ministre du commerce et de l'industrie,

Décrète :

Art. 1er. — La commission supérieure instituée par l'article 11 de la loi du 1er juillet 1916 est composée ainsi qu'il suit :

Président

M. Colson, président de section au conseil d'Etat.

MEMBRES DES SECTIONS DE CETTE COMMISSION.

1re Section

MM. Lacroix, conseiller d'Etat.
Corneille, maître des requêtes au conseil d'Etat.
Courtray, inspecteur des finances.

Pascalis, ancien président de la chambre de commerce de Paris.
Denis, président de la chambre de commerce de Laval.
Roger de la Selle, président de la chambre de commerce de Châteauroux.
Le Directeur général ou un Administrateur des contributions directes.

2e Section

MM. Aubert, conseiller d'Etat.
Porché, maître des requêtes au conseil d'Etat.
Oudaille, inspecteur général des finances.
Proust, vice-président de la chambre de commerce de Paris.
Hubert Giraud, président de la chambre de commerce de Marseille.
Fremaux, président de la chambre de commerce d'Armentières.
Le Directeur général ou un Administrateur des contributions directes.

3e Section

MM. Riboulet, conseiller d'Etat.
Rivet, maître des requêtes au conseil d'Etat.
Pougin de la Maisonneuve, conseiller référendaire à la cour des comptes.
Duquesne, vice-président de la chambre de commerce d'Arras.
Prevet, président de la chambre de commerce de Meaux.
Servant, président de la chambre de commerce de Poitiers.
Le Directeur général ou un Administrateur des contributions directes.

4e Section

MM. de Lavit, conseiller d'Etat.
Berget, maître des requêtes au conseil d'Etat.
Guybert de la Beausserie, conseiller référendaire à la cour des comptes.
Paul (Roger), président de la chambre de commerce de Paris.
Coignet, ancien président de la chambre de commerce de Lyon.
Perrigot, président de la chambre de commerce d'Epinal.
Le Directeur général ou un Administrataur des contributions directes.

Art. 2. — Sont adjoints à la Commission en qualité de Rapporteurs :

Conseil d'Etat

MM. Bousquet, maître des requêtes.
Bouchard, maître des requêtes.
Lucas de Pesloüan, maître des requêtes.
Blondeau, maître des requêtes.
Duléry, auditeur de 1re classe.

Seligman, auditeur de 1re classe.
Labouchère, auditeur de 1re classe.
Andrieux, auditeur de 1re classe.
Tartière, auditeur de 1re classe.
Weill, auditeur de 1re classe.
Binet, auditeur de 1re classe.
Bonnet, auditeur de 1re classe.
Franceschi, auditeur de 1re classe.
Latournerie, auditeur de 1re classe.
Georges Michel), auditeur de 1re classe.
René Mayer, auditeur de 2e classe.
Auboin, auditeur de 2e classe.
Bouffandeau, auditeur de 2e classe.
Julien Reinach, auditeur de 2e classe
René Giscard, auditeur de 2e classe.
Gélinet, auditeur de 2e classe.
Coterel, auditeur de 2e classe.
Josse, auditeur de 2e classe.
Toutée, auditeur de 2e classe.
Hua, auditeur de 2e classe.
Ettorie, auditeur de 2e classe.
Imbert, auditeur de 2e classe.
Moreau-Néret, auditeur de 2e classe.
Getten, auditeur de 2e classe.
Pomaret, auditeur de 2e classe.
Dayras, auditeur de 2e classe.
Puget, auditeur de 2e classe.
Cuvelier, auditeur de 2e classe.
Vinson, auditeur de 2e classe.
Blondel, auditeur de 2e classe.
Devémy, auditeur de 2e classe.

COUR DES COMPTES

MM. Surleau-Goguel, conseiller référendaire.
Brin, conseiller référendaire.
Parent, conseiller référendaire.
Savin, conseiller référendaire.
Desnues, conseiller référendaire.
Mongeaud, conseiller référendaire.
Bisson, conseiller référendaire.
Saint-Raymond, auditeur de 1re classe.
Priem, auditeur de 1re classe.
Simonnet, auditeur de 1re classe.
Baudouin, auditeur de 1re classe.

Petsche, auditeur de 1re classe.
Chevalier, auditeur de 2e classe.
Michon, auditeur de 2e classe.
Pomme de Mirimonde, auditeur de 2e classe.
Mérillon, auditeur de 2e classe.
Lagrenée, auditeur de 2e classe.
Gentil, auditeur de 2e classe.
Lorain, auditeur de 2e classe.
Froideveaux, auditeur de 2e classe.

ANCIENS FONCTIONNAIRES SUPÉRIEURS DE L'ADMINISTRATION DES FINANCES

MM Le Coz, directeur honoraire des contributions directes.
Lachambre, directeur honoraire des contributions indirectes.
Fauvel, directeur honoraire des contributions directes.

Art. 3. — M Pertué, chef de bureau à la direction générale des contributions directes, est désigné pour remplir les fonctions de secrétaire de la commission supérieure.

Sont désignés pour remplir les fonctions de secrétaires adjoints :

MM. Rolland (André), sous-chef de bureau à la direction générale des contributions directes ; Dancause et Lerévérend, inspecteurs des contributions directes.

Texte du 2e décret :

Le Président de la République française,
Sur le rapport du Ministre des Finances,
Vu la loi du 1er juillet 1916, modifiée et complétée par les articles 8 de la loi du 31 décembre 1917, 16 de la loi du 31 décembre 1918, 2 de la loi du 9 mars 1920, 2 de la loi du 7 mars 1921 et 7 de la loi du 31 décembre 1922, et concernant l'établissement d'une contribution extraordinaire sur les bénéfices exceptionnels ou supplémentaires réalisés pendant la guerre ;
Vu le décret du 12 juillet 1916, fixant les conditions de fonctionnement de la commission supérieure prévue par l'article 11 de la loi du 1er juillet 1916,

Décrète ;

Art. 1er. — L'article 11 du décret du 12 Juillet 1916 est modifié ainsi qu'il suit :

« Le président règle les conditions dans lesquelles les affaires sont attribuées à chacune des sections de la Commission ».

Art. 2. — Le Ministre des Finances est chargé de l'exécution du présent décret.

Première loi de Douzièmes provisoires

du Budget des dépenses recouvrables

du 31 Décembre 1922, publiée au *J. Off.* du 1er Janvier 1923, p. 44.

Délai de Déclaration

des Successions ouvertes dans les Régions envahies.

7. — Le délai de déclaration de ces successions est prorogé en vertu de l'article 11 :

Texte de l'article 11 :

Art. 11. — Le délai de déclaration des successions ouvertes dans les territoires délimités par le décret du 5 octobre 1921 est prorogé, savoir :

1° Jusqu'au 17 juillet 1923, pour les successions ouvertes entre le 1er février 1914 et le 31 décembre 1918 inclus ;

2° Jusqu'au 17 novembre 1923, pour les successions ouvertes entre le 1er janvier 1919 et le 31 décembre 1922 inclus ;

3° Jusqu'au 17 janvier 1924, pour les successions ouvertes entre le 1er janvier et le 16 juillet 1923 inclus. »

Deuxième loi de Douzièmes provisoires

pour l'exercice 1923 (1 douzième : mars) en date du 28 février et publiée au *Journal Officiel* du 1er mars 1923.

a) Alcool dénaturé. — *b*) Huiles et essences de pétrole. — *c*) Droit de circulation des boissons. — *d*) Taxe de 15 % des vins de luxe. — *e*) Taxes téléphoniques internationales.

a. — Alcool dénaturé

8. — En vertu de l'art. 5, tout un système est instauré qui a pour but de développer la consommation de l'alcool dénaturé en tant qu'élément de force motrice et qui réglemente, dans ce but, le commerce de l'alcool dénaturé. Les commerçants qui se livrent à ce commerce, les industriels qui dénaturent l'alcool et ceux qui en font usage pour le besoin de leur ou de leurs industries doivent se faire connaître de l'administration des contributions indirectes, voire obtenir l'autorisation personnelle de manipuler ce produit et se soumettre à l'exercice.

Le dernier paragr. de l'article concerne la circulation de ce produit.

Texte de l'article 6 :

Art. 6. — Six mois au plus après la promulgation de la présente loi, les importateurs d'essences de pétrole et autres, pures ou en mélange, destinées à être consommées en France, seront tenus, pour obtenir des licences d'importation, d'acquérir de l'Etat, chaque mois, une quantité d'alcool éthylique comptée en volumes à 15 degrés centigrades et à 100 degrés Gay-Lussac, correspondant à un pourcentage minimum de 10 p. 100 en volume de la quantité d'essence par eux dédouanée dans le mois précédent.

La même obligation s'appliquera aux importateurs de benzols, benzines, toluènes, essences de houilles pures ou en mélange. Seront cependant exempts de l'obligation les produits employés à la fabrication des matières colorantes et produits chimiques.

L'alcool cédé aux importateurs visés aux deux paragraphes précédents devra être exclusivement destiné à la force motrice.

Des décrets rendus sur la proposition du ministre du commerce et de l'industrie et du ministre des finances fixeront les modalités d'application des dispositions ci-dessus, et notamment, pour chaque année, et avec un préavis de trois mois le pourcentage minimum obligatoire d'alcool à acquérir, la formule de dénaturation de cet alcool et le prix de cession des alcools purs ou dénaturés.

Des arrêtés rendus par les mêmes ministres pourront fixer la composition des mélanges, leur prix de vente en gros, ou éventuellement l'écart de ce prix avec le prix de vente en gros de l'essence, ainsi que les conditions auxquelles ces mélanges devront satisfaire et celles dans lesquelles ils devront être livrées au public.

Au cas d'infraction aux dispositions ci-dessus, le ministre du commerce sera autorisé à suspendre ou à retirer les licences d'importation.

L'article 4 de la loi du 16 décembre 1897 est modifié comme il suit :

« Les industriels qui dénaturent l'alcool ou qui font usage de l'alcool dénaturé pour les besoins de leur industrie doivent être pourvus d'une autorisation personnelle donnée par l'Administration des contributions indirectes. Cette autorisation peut toujours être retirée, en cas d'abus, par une décision du ministre des finances.

« Ils sont tenus d'inscrire leurs opérations, ainsi que leurs réceptions et livraisons, au moment où ils y procèdent, sur un registre qui reste à la disposition du service des contributions indirectes. Les employés supérieurs de cette administration ont, en outre, le droit d'examiner leurs livres de commerce.

« Dans les industries où, au cours de manipulations, l'alcool disparaît ou est transformé, les intéressés peuvent être affranchis de la tenue du registre prévu au paragraphe précédent, mais prennent l'engagement de supporter les frais d'une surveillance permanente pendant la durée de leur fabrication.

« Toute personne qui veut se livrer au commerce des alcools dénaturés doit en faire la déclaration au service des contributions indirectes.

« A l'exception des alcools simplement additionnés de la principale substance dénaturante (alcools méthylés), les alcools dénaturés, libérés de taxe de statistique et les produits achevés préparés avec ces alcools méthylés circulent librement. »

b. — Huiles et Essences de Pétroles importées

9. — L'article 7 ordonne la continuation de la perception de la surtaxe temporaire instituée par la loi du 9 Juillet 1921 sur les importations d'huiles et essences de pétrole et décide que son produit sera affecté à un abaissement correspondant du prix de cession de l'alcool destiné à la force motrice.

Texte de l'article 7 :

Art. 7. — *La surtaxe* temporaire instituée par la loi du 9 juillet 1921 sur les importations d'huiles et essences de pétrole, et réduite à 5 francs par décret du 23 septembre 1922, continuera d'être perçue et son produit sera affecté, à partir de la mise en vigueur des dispositions de l'article précédent, à un abaissement correspondant du prix de cession de l'alcool destiné à la force motrice.

Le produit de cette surtaxe sera imputé au compte du service des alcools.

c. — Droits de Circulation des Boissons

10. — L'article 8 majore, par hectolitre, de 1 fr. pour les vins et de 0 fr. 50 pour les cidres, poirés et hydromels, les tarifs du droit de circulation que la Loi du 15 Juillet 1921 (*J. Off.* p. 8.220) avait fixés à 10 francs et 5 francs respectivement.

Texte de l'article 8 :

Art. 8. — Les tarifs du *droit de circulation sur les vins, cidres, poirés et hydromels*, fixés par l'article 1er de la loi du 15 juillet 1921, sont majorés, au profit du Trésor, de 1 franc par hectolitre pour les vins et de 50 centimes pour les cidres, poirés et hydromels.

d. — Suppression de la taxe de 15 °/o sur les Vins classés comme étant de luxe

11. — L'article 9 supprime purement et simplement la taxe de luxe de 15 °/o.

Texte de l'article 9 :

Art. 9. — *La taxe de 15 p. 100 établie* par l'article 73 de la loi du 25 juin 1920 sur les vins classés comme étant de luxe est *supprimée.*

Les vins ne pourront, quel que soit leur prix de vente, figurer aux décrets de classement des marchandises, denrées, fournitures ou objets quelconques de luxe prévus à l'article 64 de la loi du 25 juin 1920.

e. — Taxes téléphoniques internationales

12. — L'article 11 rend applicables aux taxes téléphoniques internationales les dispositions de la convention postale universelle de Madrid du 30 Novembre 1920.

Texte de l'article 11 :

Art. 11. — Sont rendues applicables aux *taxes téléphoniques* internationales les dispositions des paragraphes 1er et 3 de l'article 12 de la convention postale universelle signée à Madrid le 30 novembre 1920.

Ces taxes sont établies d'après une équivalence fixée par décret contresigné par le ministre chargé de l'administration des postes et des télégraphes et par le ministre des finances.

BOUILLEURS DE CRU

13\. — Une loi, en date du 28 Février 1923, publiée au *J. Off.* du 1er Mars, p. 1.996, modifie la réglementation applicable aux bouilleurs de cru à partir du 1er Août 1923.

L'art. 1er a pour objet de proroger jusqu'à cette date la législation existante.

L'art. 2 détermine (dans les paragr. 1, 4 et suivants) les conditions de lieu, de temps et de surveillance des opérations de distillation ; les paragr. 2 et 3 du dit article concernent l'impôt.

L'art. 3 fixe les conditions auxquelles est soumis l'octroi en franchise de 10 litres d'alcool pur aux bouilleurs de cru.

L'art. 4 renvoie à un décret spécial pour l'application de la loi en Alsace et en Lorraine.

L'art. 5 stipule que les contraventions aux dispositions de la loi seront punies des peines édictées par les lois antérieures (loi du 31 Mars 1903, art. 26 et loi du 31 Janvier 1907, art. 19.

Texte de la loi :

Art. 1er. — Sont *prorogées* jusqu'au 31 juillet 1923 les dispositions des paragraphes 7, 8 et 9 de l'article 14 de la loi du décembre 1920, complétée par le deuxième paragraphe de l'article 15 de la loi du 30 juin 1922.

Art. 2. — *A partir du 1er août 1923*, les distillations de vins, cidres, poirés, marcs, lies et fruits frais seront opérées : 1° en atelier public, conformément à l'article 12 de la loi du 22 avril 1905 ; 2° par des associations coopératives fonctionnant dans les conditions de l'article 22 de la loi du 31 mars 1903 ; 3° à domicile.

Les quantités produites seront intégralement passibles de l'impôt, sous réserve des déductions accordées aux entrepositaires. Il en sera de même pour les stocks possédés par les bouilleurs de cru qui distilleront chez eux et qui produiront *plus de 50 litres* d'alcool pur au cours de la campagne, à moins que les bouilleurs ne justifient que ces stocks sont déjà libérés des droits.

Les récoltants qui voudraient acquitter l'impôt immédiatement après la distillation bénéficieront d'une remise de 10 p. 100. Les bouilleurs de cru et les associations coopératives ne sont pas soumis à l'impôt de la licence.

Les bouilleurs de cru ne produisant *pas plus de 50 litres* d'alcool pur au cours de la campagne *et qui* distilleront dans un local n'ayant aucune communication intérieure avec les locaux d'habitation seront dispensés de la déclaration des stocks existants dans ces derniers locaux.

Dans ce cas, le contrôle de la régie ne pourra s'exercer que dans le local où s'effectuera la distillation.

En ce qui concerne les bouilleurs de cru *distillant dans les locaux en communication intérieure avec l'habitation*, le contrôle ne peut s'effectuer en dehors des distillations qu'au moment de l'inventaire et du récolement s'il y a lieu.

Les distillations dans les ateliers publics ainsi que chez les bouilleurs ne pourront être effectuées que pendant les périodes fixées par le juge de paix du canton de chaque circonscription d'exercice, sur proposition des maires des communes intéressées et des syndicats agricoles et de bouilleurs, après avis du chef local des contributions indirectes.

Les distillations à domicile ne pourront s'effectuer que pendant les périodes où fonctionnent les ateliers publics de la commune.

Cette fixation devra être faite de façon à ce que, dans une même circonscription d'exercice, les opérations de distillation n'aient lieu à la fois que dans deux communes limitrophes ou dans un plus grand nombre de communes limitrophes, lorsque l'ensemble de leur population ne dépassent pas 2 000 habitants.

Il sera ouvert au moins un atelier public par commune ou hameau, sur la demande des conseils municipaux et des syndicats agricoles et de bouilleurs.

Art. 3. — Le tarif de l'*allocation en franchise de 10 litres d'alcool* pur est accordé à tous les propriétaires, fermiers, métayers, vignerons distillant ou faisant distiller tout ou partie des produits de leur récolte, tels que ceux-ci sont définis par la loi du 31 mars 1903, y compris les débitants de boissons hygiéniques.

En cas de métayage, la franchise des 10 litres d'alcool pur au métayer qui aura la faculté d'en rétrocéder une partie à son propriétaire, conformément aux usages ruraux en vigueur dans la région sous réserve que la totalité des quantités dont celui-ci bénéficiera en franchise et provenant soit d'un faire-valoir personnel; soit de domaines exploités à colonies, partiaires, ne dépassera jamais 10 litres.

Art. 4. — Un décret spécial fixera les conditions dans lesquelles la présente loi sera appliquée en Alsace et en Lorraine.

Art. 5. — Les *contraventions* aux dispositions des articles précédents seront punies des *peines* édictées par les articles 26 de la loi du 31 mars 1903 et 19 de celle du 31 janvier 1907.

Troisième loi de Douzièmes provisoires du Budget ordinaire pour l'exercice 1923

(2 Douzièmes : avril et mai)

En date du 30 Mars et publiée au *Journal Officiel* du 31 Mars, p. 3.219.

a) Revenus cédulaires consistant en traitements, salaires, pensions et rentes viagères. — *b*) Revenus cédulaires des professions non commerciales. — *c*) Revenu net global. — *d*) Tabacs. — *e*) Impôt sur le chiffre d'affaires.

a. — IMPOT DES TRAITEMENTS, SALAIRES, PENSIONS ET RENTES VIAGÈRES (1)

14. — L'article 6, dont toutes les dispositions sont applicables à partir du 1er janvier 1923 porte à 6.000 fr. l'*abattement de base* dans les communes de moins de 500.000 habitants ; à 6.500, dans les communes de plus de 500.000 habitants, et à 7 000 pour toutes les communes du département de la Seine.

15. — Il introduit ensuite le principe de la déduction pour les personnes à la charge en plus de l'abattement de base.

La déduction est fixée :

a) pour la *femme* mariée qui n'a ni salaires ni revenus personnels à 3.000 ;

b) pour chaque *enfant* de moins de 18 ans ou infirme et non salarié à 2.000 ;

c) pour *toute autre personne* à la charge dans les conditions de l'art. 7 de la loi du 25 uJin 1920, à 1.500.

15 *bis*. — *Cas des déductions pour enfants ou autres personnes à la charge dans le cas ou le mari et la femme touchent des salaires ou traitements distincts.*

Les déductions ne seront, dans ce cas, applicables qu'à un seul des traitements ou salaires, à savoir, le plus élevé.

---

(1) Nous avons communiqué en Mai à nos adhérents une critique de ces dispositions par le professeur Allix extraite d'un article du n° du 10 Avril de la *Revue Politique et Parlementaire*.

16. — *Déduction pour mutilés titulaires d'une pension d'invalidité.*

Pour cette catégorie de contribuables, les déductions ci-dessus sont augmentées d'une somme supplémentaire de 1.000 fr.

17. — *Fraction comprise entre le minimum exempté et 8.000 fr.*

Pour le calcul de l'impôt, cette fraction continuera à n'être comptée que pour moitié.

18. — *Taux de l'Impôt.*

Il reste fixé à 6 °/o.

Texte de l'article 6 :

Art. 6. — L'art. 23 de la loi du 31 juillet 1917, modifié par l'art. 1er de la loi du 25 juin 1920 et complété par l'art. 4 de la loi du 31 juillet 1920, est remplacé par les dispositions ci-après :

« Les revenus provenant des traitements publics ou privés, des indemnités et émoluments, des salaires, des pensions et des rentes viagères, sont assujettis à un impôt portant sur la partie de leur montant annuel qui dépasse 6.000 fr.

« Cet abattement est porté à :

« 6.500 fr. dans les communes de plus de 500.000 habitants ;

« 7.000 fr. dans le département de la Seine.

« Les déductions ci-dessus seront augmentées, pour chaque contribuable soumis à l'impôt, d'une somme de 3.000 fr. pour sa femme, si celle-ci n'a ni salaire, ni revenus personnels, de 2.000 fr. par enfant de moins de dix-huit ans ou infirme et non salarié et de 1.500 par personne à sa charge, dans les mêmes conditions que celles de l'art. 7 de la loi du 25 juin 1920

« Dans le cas ou le mari et la femme touchent des traitements ou salaires distincts, les déductions pour enfants et pour personnes à la charge ne seront applicables qu'au traitement ou salaire le plus élevé.

« Les déductions ci-dessus seront augmentées d'une somme supplémentaire de 1.000 fr, en faveur des mutilés titulaires d'une pension d'invalidité.

« En outre, pour le calcul de l'impôt, la fraction comprise entre le minimum exempté et 8.000 fr. sera comptée pour moitié.

« Le taux de l'impôt est fixé à 6 p. 100.

« Sont affranchies de l'impôt les pensions servies en vertu de la loi du 31 mars 1919, ainsi que les allocations aux familles nombreuses (sursalaire familial, allocations familiales) versées uniquement par des employeurs ou groupements d'employeurs à leur personnel ».

Les dispositions du présent article seront applicables à partir du 1er janvier 1923.

b. — REVENUS CÉDULAIRES DES PROFESSIONS NON COMMERCIALES.

19. — Pour les revenus des professions non commerciales, l'article 7 a relevé les abattements de base comme pour les revenus consistant en traitements, salaires, etc ; et les a portés à 6.000, 6.500 et 7.000 fr, en maintenant aussi pour le calcul de l'impôt que la fraction comprise entre le minimum exempté et 8.000 fr. ne sera comptée que pour moitié. (1)

Texte de l'article 7:

Art. 7. — L'art. 31 de la loi du 31 juillet 1917, modifié par l'art. 1er de la loi du 25 juin 1920, est remplacé par les dispositions ci-après :

« L'impôt ne porte que sur la partie du bénéfice net dépassant la somme de :

« 6.000 fr , si le contribuable est domicilié dans une commune de 500.000 habitants et au-dessus ;

« 6.500 fr., si le contribuable est domicilié dans une commune de plus de 500.000 habitants ;

« 7.000 fr., si le contribuable est domicilié dans le département de la Seine.

« En outre, pour le calcul de l'impôt, la fraction comprise entre le minimum exempté et 8.000 fr. sera comptée pour moitié.

« Le taux de l'impôt est de 6 p. 100.

« Par dérogation aux dispositions qui précèdent, l'impôt est calculé, pour les charges et offices visés à l'art. 30, dans les conditions, et d'après les taux fixés, en ce qui concerne les professions commerciales, par l'art. 12, modifié par l'art 1er de la loi du 25 juin 1920 ».

Les dispositions du présent article seront applicables à partir du 1er janvier 1923.

c. — IMPOT SUR LE REVENU GLOBAL NET

20. — L'art. 8 porte à 7.000 fr. le revenu minimum non imposable et donne comme point de départ à ce relèvement du niveau de base la date du 1er janvier 1923.

---

(1) Mais les imposables à cette cédule ne bénéficient pas de déductions pour charges de famille.

Texte de l'article 8 :

Art. 8. — Le 1° de l'art. 9 de la loi du 15 juillet 1914, remplacé par l'art. 6 de la loi du 25 juin 1920, est modifié ainsi qu'il suit :

« 1° Les personnes dont le revenu imposable n'excède pas la somme de 7.000 fr. majorée, s'il y a lieu, conformément à l'art. 12 ci-après ».

Cette disposition sera applicable à partir du 1er janvier 1923.

d. — TABACS

21. — Les articles 9, 10, 11 et 12 relèvent le prix de vente des tabacs ordinaires.

Texte des articles 9, 10, 11 et 12 :

Art. 9. — Le prix des tabacs ordinaires à fumer et à mâcher, que la régie vend aux consommateurs, est fixé à 27 fr. 50 par kilogramme.

Art. 10. — Le prix de la poudre ordinaire à priser, vendue aux consommateurs, est fixée également à 27 fr. 50 le kilogramme.

La régie est autorisée à vendre le même produit en paquets aux prix de 30 fr. le kilogramme.

Art. 11. — Les tabacs destinés aux troupes de terre et de mer seront vendus aux prix de 3 fr. le kilogramme en ce qui concerne le tabac à fumer et 5 fr. le kilogramme en ce qui concerne le tabac à mâcher.

Art. 12. — Les tabacs de vente restreinte, destinés aux établissements publics hospitaliers, seront vendus à raison de :

3 fr. le kilogramme pour le tabac à fumer et le tabac à priser ;

5 fr. le kilogramme pour le tabac à mâcher.

---

e. — IMPOT SUR LE CHIFFRE D'AFFAIRES

22 — Les modifications apportées à la législation fiscale de l'impôt sur le Chiffre d'Affaires font l'objet des deux articles 13 et 14 qui modifient : l'art. 13, l'art. 67 de la loi du 25 Juin 1920, et l'art. 14, l'art. 68 de la même loi.

Extension du bénéfice du forfait.

a) L'objet de l'art. 13 est d'étendre à un peu plus grand nombre de redevables de la taxe sur le chiffre d'affaires le bénéfice du forfait

1° en élevant de 48.000 à 120.000 fr. la valeur annuelle du chiffre d'affaires au-dessous duquel il est permis aux « redevables dont le commerce principal est de vendre des marchandises, denrées, fournitures et objets à emporter et à consommer sur place et de fournir le logement » de demander à être dispensés du paiement de l'impôt par versements mensuels et à être, au contraire, autorisés à faire le paiement par quart tous les trois mois ;

2° en élevant de 12.000 à 30.000 fr. pour tous autres redevables qui désireront profiter du même système de paiement, la valeur minima annuelle du chiffre d'affaires;

3° en accordant le même privilège, sur leur demande, sans considération du montant annuel du chiffre d'affaires réalisé, à tous les « redevables ayant une installation permanente » du moment qu'ils s'engagent à se soumettre aux conditions fixées dans les paragraphes numérotés 1° *a* et *b*, et 2°.

L'avant-dernier paragraphe de l'art. 13 indique dans quelles conditions les redevables ont droit à la révision du calcul des acomptes versés ou à verser par eux.

Le dernier paragraphe dispense du timbre les demandes prévues au même article.

Texte de l'article 13 :

Art. 13. — *L'article 67* de la loi du 25 juiu 2920 est modifié comme il suit :

« Les personnes visées à l'article précédente sont tenues.

« 1° De fournir aux agents des contributions directes, ainsi qu'à ceux des autres services financiers qui seront désignés par un règlement d'administration publique pour chaque catégorie de commerçants, tant au principal établissement que dans les succursales ou agences, toutes justifications nécessaires à la fixatton du chiflre d'aftaires ;

« 2° De remettre chaque mois, de la manière et dans le délai qui seront fixés par le règlement d'administration publique prévu au premier alinea du présent article, un relevé qui indiquera le montant total du chiffre de leurs affaires pendant le mois précédent et distinctement, s'il y a lieu, la fraction de ce chiffre passible de la taxe de 10 p. 100, ainsi que d'acquitter le montant total des taxes exigibles d'après ce relevé, dans les conditions qui seront arrêtées par le même règlement.

» Seront dispensés, sur leur demande et moyennant le versement d'un forfaii annuel, des obligations stiqulées aux paragraphes 1er et 2e ci-dessus, les redevables dont le chiffre d'affaires, n'a pas excédé pendant l'année 12000 francs. s'il s'agit de redevables dont le commerce principal est de vendre des marchandises, denrées, tournitures et objets à emporter ou à consommer sur place et de fournir le logement ou 30.000 fr. s'il s'agit de redevables.

« Le payement sera fait par quart, tous les trois mois.

« Le bénéfice du forfait pourra être retiré par l'administration aux redevables ayant commis des contraventions à la présente loi.

« Seront également dispensées sur leur demande, et dans les conditions spécifiées par le règlement d'administration publique, des obligations édictées sous le paragraphe 2° ci-dessus, les redevables ayant une installation permanente qui s'engageront :

« 1° A acquitter à titre d'acompte, aux époques fixées par le règlement d'administration publique, savoir :

« *a*) Tous les trois mois, pour les redevables réunissant les conditions prévues ci-dessus pour l'obtention du forfait annuel, une somme égale au quart de l'impôt dû pour l'année précédente, sans tenir compte des fractions de 10 fr. ;

« *b*) Tous les mois, pour les autres redevables, une somme égale au douzième de l'impôt dû pour l'année précédente sans tenir compte des fractions de 10 fr. ;

« 2° A déposer dans les trois premiers mois de chaque année, une une déclaration en double exemplaire qui indiquera leur chiffre d'affaires de l'année précédente, en faisant ressortir distinctement les fractions de chiffre exemptée d'impôt ou passibles des divers taux d'impôts et d'acquitter, s'il y a lieu, avant le 1er mai, le complément d'impôt d'après cette déclaration, après déduction des acomptes versés conformément aux prescriptions ci-dessus fixés.

« Si le commerce n'a été commencé qu'au cours de l'année, les acomptes sont calcnlés d'après une évaluation fournie par le redevable de son chiffre d'affaires, jusqu'à l'expiration de l'année.

« Sur leur demande, formée après l'expiration du premier semestre de l'année, les redevables ayant opté pour le régime des acomptes, dont le chiffre d'affaires durant ce semestre a été inférieur au tiers du chiffre d'affaires de l'année précédente, ont droit à la révision du calcul des acomptes versés ou à verser en prenant pour base le double du chiffre d'affaires réalisé durant le premier semestre.

« Les demandes prévues au présent articles sont dispensés de timbre. »

Réforme du système des pénalités pour la répression des contraventions commises à propos de l'impôt sur le chiffre d'affaires

23. — L'art. 14 remplace les dispositions de l'art. 68 de la loi du 25 juin 1920 et établit un système de répression des contra-

ventions commises en matière d'impôt sur le chiffre d'affaires complètement différent du système antérieur.

Le *simple retard dans le paiement* (voir le premier paragr.) n'est pénalisé que d'un intérêt de retard qui est de 1 °/o pour premier trimestre de retard ; de 1. 50 °/o pour le second et de 2 °/o par trimestre subséquent.

L'omission ou l'insuffisance commise dans le livre prescrit à l'art. 66 *ou dans la comptabilité en tenant lieu ou dans le relevé,* est punie d'une amende fiscale égale à cinq fois le montant de l'impôt éludé ou compromis avec minimun de 50 francs sans décimes (Voir 1°). *Toute autre convention* est punie d'une amende fiscale de 50 à 1.000 francs sans décimes (Voir 2°).

Le paragraphe suivant n'a que la portée d'une disposition transitoire.

Enfin les deux derniers paragraphes reproduisent purement et simplement les deux derniers paragraphes de l'art. 68 de la loi du 25 juin 1920 concernant la *récidive volontaire*.

Texte de l'article 14 :

Art. 14. — L'article 68 de la loi du 25 juin 1920 est modifié comme il suit :

« Au cas de retard dans le payement soit de l'impôt exigible d'après le relevé prévu à l'article 67, soit des acomptes, soit du complément ressortant de de la liquididation définitive, soit des fractions trimestrielles du forfait du redevable payera en sus, à titre d'indemnité, par mois ou fraction de mois de retard, savoi : 1 p. 100 pendant le premier trimestre de 1. 50 pendant le second trimestre et 2 p. 100 pendant les trimestres suivants.

« Tout autre contravention aux dispositions des articles 59 à 72 de la présente loi, ainsi qu'à celles des décrets et arrêtés pris pour l'exécution de ces articles est punie :

« 1° S'il s'agit d'une omission ou d'une insuffisance commise soit dans le livre prescrit à l'article 66 ou dans la comptabilité en tenant lieu soit dans le relevé dont le dépôt est prescrit par l'article 67, d'une amende fiscale égale à cinq fois le montant de l'impôt éludé ou compromis avec minimum de 50 fr., sans décimes ;

« 2° S'il s'agit de toute autre contravention, d'une amende fiscale de 50 à 1.000 francs sans décimes.

Les dispositions ci-dessus sont applicables aux contraventions commises antérieurement à la promulgation de la présente et n'ayant pas fait l'objet, soit d'une décision gracieuse, soit d'un jugement passé en force de chose jugée, lorsqu'elles sont inférieures aux pénalités édictées par les dispositions antérieures.

« Au cas où un contrevenant, ayant encourn depuis moins de trois années une des amendes fiscales ci-dessus édictées, aura commis intentionnellement une nouvelle infraction, il pourra être traduit devant le tribunal correctionnel à la requête de l'administration compétent et puni d'un emprisonnement de huit jours à trois mois, Le tribunal correctionnel pourra ordonner, à la demande de l'administration, que le jugement sera publié intégralement ou par extraits dans les journaux qu'il désignera et affiché dans les lieux qu'il indiquera, le tout aux frais du condamné. Toutes les dispositions de l'article 7 de la loi du 1er août 1905 seront applicables dans ce cas.

« L'article 463 du code pénal sera applicable, même en cas de récidive, au déli prévu par le présent article. »

Loi des Douzièmes provisoires

au titre du Budget spécial des Dépenses recouvrables

en date du 30 mars, publiée au *J. Off.* du 31 mars, p. 3.265.

24. — Pénalité frappant l'exportation sans délaration ou sans déclaration exacte quant à la nature des marchandises de toutes marchandises expédiées *de la Corse sur le continent français*, lorsque ces marchandises sont prohibées en France ou taxées à des droits supérieurs de 20 francs ou plus par 100 kilogs à ceux du tarif spécial à la base, ou passibles de taxes de consommation intérieure.

Texte de l'article 11 :

Art. 11. — Au départ de la Corse à destination de la France, l'exportation ou la tentatiye d'exportation sans déclaration ou sans déclaration exacte quant à la nature des marchandises qui, à l'importation de Corse sur le continent français sont prohibées, taxées à des droits supérieurs de 20 fr. ou plus par 100 kilogrammes à ceux du tarif spécial de la Corse, ou passibles de taxes de consommation intérieure, donne lieu à l'application des pénalités édictées, en cas d'importation sans déclaration sur le continent, par les articles 41, 42 et 43 de la loi du 28 avril 1816, 37, titre VI, de la loi du 21 auril 1818, 1er et 4 de la loi du 2 juin 1875.

25. — Exonération du droit de consommation frappant les tubes *d'acide carbonique* importés sauf quand le destinataire doit employer cet acide à la fabrication de boissons gazéifiées.

Texte de l'article 12 :

Art. 12. — Les tubes d'acide carbonique liquide importés de l'étranger sont exonérés du droit de consommation lorsqu'ils sont à destination de personnes autres que celles possédant un appareil à gazéifier les boissons ou un appareil destiné à charger des capsules d'acide carbonique liquide destinées à la fabrication des boissons gazéifiés.

Quelle qle soit leur destination, les tubes d'acide carbonique liquide importés restent soumis aux formalités de la marque distinctive et du numérotage et ne peuvent, dans tous les cas, circuler que sous le lien d'acquits-à-caution. Ces titres de mouvement ne seront déchargés et la franchise prévue au paragraphe précédent ne sera acquise que lorsque les employés de la régie se seront assurés, au lieu d'arrivée, de la qualité du destinataire et de l'usage réservé au produit.

Huiles lourdes destinées au Chauffage ou a l'alimentation des moteurs

26. — Le premier paragr. de l'art. 13 interdit de frapper ces huiles d'un *droit d'octroi* supérieur au double du droit perçu sur les houilles en vertu du tarif local.

Texte de l'article 13, 1er paragr. :

Art. 13. — dans les villes à octroi placées sous le régime du tarif général, les huiles lourdes de pétrole ou de houille et tous hydrocarbures analognee d'origine minéral ne pourront lorsqu'ils sont destinées au chauffage ou à l'alimentation des moteurs, être frappés d'une taxe supérieure au double du droit perçu sur les charbons de terre en vertu du tarif local. Les spécifications de ces huiles lourdes seront celles établies par la législation douanière en vue de l'usage indiqué.

Le deuxième paragr. du même article vise les conditions relatives à la quantité minima du même produit que doivent importer les industriels qui en font usage, pour bénéficier de *l'entrepôt*.

Texte de l'article 13, 2e paragraphe :

Pour être admis au bénéfice de l'entrepôt prévu par l'art. 8 du décret du 12 février 1870, les industriels employant des huiles lourdes. comme combustibles à l'usage de leur industrie ne pourront être astreints à introduire la première fois des quantités supérieures à 1.000 kilogr. ou à 10 hectolitres.

27. — *Tarif postal d'affranchissement des avertissements et avis envoyés par les percepteurs et les agents des autres régies aux contribuables*

Texte des articles 18, 19 et 20 :

Art. 18. — L'art 3 de la loi du 29 mars 1920 est remplacé par les dispositions suivantes :

« Sont abrogées toutes les dispositions des lois postales en vigueur contraires aux dispositions de l'art. 1er de la présente loi, à l'exception des tarifs spéciaux prévue en faveur des avertissements et avis des percepteurs des contributions directes (loi de finances du 30 janvier 1907, art. 30) des avertissements des receveurs spéciaux des communes et des établissements de bienfaisance envoyés aux contribuables sous bande mobile (loi de finances du 26 décembre 1908, art. 21) des avertissements et avis envoyés aux contribuables par les percepteurs des contributions directes au sujet de l'impôt sur diverses catégories de revenus (loi du 31 juillet 1917, art. 51 ; décret du 11 août 1916, art. 1er ; décret du 28 janvier 1916, art. 2 et 3) ; des sommations avec frais et commandements (loi du 18 juillet 1911, art. 20.

Art. 19. — Les tarifs spéciaux prévus en faveur des avis et communications relatifs aux impôts sur le revenu et à la contribution extraordinaire sur les bénéfices de guerre (loi du 31 juillet 1917, art. 51 ; décret du 11 août 1916, art. 1er ; décret du 28 janvier 1916, art. 2 et 3) sont applicables aux avis adressés aux contribuables à l'occasion des demandes de dégrèvement d'impôt présentées par eux.

Art. 20. — Les avertissements émanant des agents de l'administration de l'enregistrement, des domaines et du timbre, et de l'administration des contributions indirectes, peuvent être expédiés sous forme de lettres cachetées, sans perdre le bénéfice du tarif des imprimés.

Cette disposition n'est applicable qu'aux avertissements établis sur les formules réglementaires dont les modèles seront arrêtés d'un commun accord entre les administrations de l'enregistrement, des contributions indirectes et des postes.

Il est interdit d'expédier au tarif réduit prevu pour les formules visées ci-dessus toute correspondance ne constituant pas un avertissement.

Les contraventions à cette disposition seront signalées et punies comme en matière d'abus de franchises postales.

La législation de la Taxe sur le Chiffre d'Affaires et les Automobiles

Une loi du 30 Mars 1923 publiée au *Journal Officiel* du 31 Mars, p. 3.265, reporte de la vente au détail ou à la consommation à la vente par le constructeur ou le fabricant l'exigibilité de l'*Impôt sur le Chiffre d'Affaires* au taux de 10 °/₀ en ce qui concerne les véhicules *Automobiles* et leurs *Accessoires*, lorsque ces véhicules et accessoires sont considérés comme étant de luxe.

28. — Cette loi, en trois articles, doit se lire comme formant le complément du paragraphe 3 de l'article 63 de la loi du 25 Juin 1920.

Qui doit l'impôt ?

Elle a pour objet, d'assurer le paiement de l'impôt de luxe sur toutes les automobiles neuves ou leurs accessoires neufs, en faisant acquitter l'impôt, non au moment de l'achat par le consommateur à un commerçant ou à un intermédiaire quelconque, mais, dorénavant, et uniquement, par *le constructeur sur le chiffre d'affaires réalisé, quelle que soit la qualité de l'acheteur*, sauf le cas de vente à l'exportation. (Voir article premier, 1er paragraphe).

Corrélativement en cas d'importation, l'impôt est de 10 °/₀ quelle que soit la qualité du destinataire. (Voir article 2).

Voitures et accessoires taxés à 1.10 °/₀ seulement

Ne sont soumis qu'à la taxe de 1.10 °/₀ :

a) Les voitures d'occasion ;

b) Les voitures achetées en vue d'assurer un service public de transport, concédé, subventionné ou exploité par l'Etat, les départements, les communes ou établissements publics hospitaliers ;

c) Les pièces détachées exclusivement destinées aux réparations ;

d) Les cyclecars, sidecars et similaires neufs dont le prix ne dépasse pas 5.000 francs. (Voir article premier, paragraphe 2).

Dispositions transitoires

L'article 3 édicte les mesures transitoires qui ont pour but d'assurer le paiement de l'impôt au taux de 10 °/₀ pour la vente au détail ou à la consommation des véhicules ou accessoires se trouvant en possession des détaillants lors de la promulgation de la loi.

Texte de la loi :

ART. 1er. — L'art. 63, parag. 3° de la loi du 25 jain 1920, est complété commé suit :

« Les automobiles neuves, servant au transport de personnes, leurs chassis, carrosseries, garnitures et accessoires acquittent une taxe de 10 p. 100 *ad valorem*, qui sera payée par le constructeur sur le chiffre d'affaires réalisé, quelle que soit la qualité de l'acheteur, exception faite des ventes à l'exportation, qui continue à bénéficier de l'exemption prévue par le paragraphe 3 de l'art. 72 de la loi du 23 juin 1920.

« Les voitures d'occasion, les voitu.es achetées en vue d'assurer un service public de transport, concédé, subventionné ou exploité par l'Etat. les départements, les communes ou établissements publics hospitaliers et les pièces détachées exclusivement destinés aux réparations, ainsi que les cyclecar, sidecars et similaires neufs, dont le prix ne dépasse pas 5.000 fr. sont soumis à nne taxe de 1.10 p. 100.

ART. 2. — Par dérogation aux dispositions du premier paragraphe de l'article 72 de la loi précitée, l'importation des objets sus-visés est soumise à l'impôt de 10 p. 100, quelle que soit la qualité du destinataire.

ART. 3 — Par *mesure transitoire*, l'impôt sur le chiffre d'affaires continuera d'être perçu au taux de 10 p. 100 pour les ventes au détail ou à la consommation des véhicules ou objets, désignés à l'article premier ci-dessus, qui se trouveront en possession des détaillants lors de la promulgation de la présente loi.

En vue de garantir les droits du Trésor, ces commerçants, qui, à la date susvisée, détiendraient, en vue de la vente des véhicules automobiles non libérés de l'impôt au taux de 10 p. 100, seront tenus, sous peine des sanctions édictées par l'article 68 de la loi du 25 juin 1920, de les déclarer, dans les quinze jours, au receveur de l'administration, dont ils relèvent pour la perception de l'impôt sur le chiffre d'affaires.

Cette déclaration mentionnera le nom du constructeur ou fabricant, le type du véhicule, le numéro d'ordre dans la série du type, ainsi que le prix de vente au public.

Ces commerçants seront responsables du montant des droits correspondant à ce prix, et seront tenus de représenter lesdits véhicules à toute réquisition.

Au cas où cette formalité ne pourrait être remplie à l'égard d'un objet, dont la vente n'aurait pas été comprise par le vendeur dans son chiffre d'affaires passible du taux de 10 p. 100, l'impôt serait immédiatement exigible sur le prix antérieurement déclaré, sous réserve de la possibilité, pour l'administration, d'apporter la preuve que le prix de vente réel a été supérieur à ce dernier, et ce, sans préjudice des pénalités prévues à l'article précité.

Bénéfices de l'Exploitation Agricole

29. — Loi du 30 Mars 1923 (J. Off. du 31 Mars, p. 3.218) fixant les coefficients maxima et minima pour l'évaluation du bénéfice devant servir de base à l'impôt sur les bénéfices de l'exploitation agricole.

Texte de la loi :

Article unique. — Les minima et maxima des coefficients applicables à la valeur locative des terres exploitées, pour la détermination du bénéfice devant servir de base à l'impôt sur les bénéfices de l'exploitation agricole établi au titre de l'année 1923, sont fixés aux chiffres ci-après :

Terres : coefficient minimum, 0,50 ; coefficient maximum, 1,50.

Prés et prairies naturels, herbages et pâturages : coefficient minimum, 0,75 ; coefficient maximum, 3.

Vergers et cultures fruitières d'arbres et arbustes : coefficient minimum, 1 ; coefficient maximum, 4.

Vignes : coefficient minimum, 0,75 ; coefficient maximum, 4.

Bois industriels, aulnaies, saussaies, oseraies : coefficient minimum : 1 ; coefficient maximum, 3.

Terrains à bâtir : landes, pâtis, bruyères, marais, terres vaines et vagues : coefficient minimum, 1 ; coefficient maximum, 1,25.

Lacs, étangs, mares, abreuvoirs, fontaines, etc : coefficient minimum, 1 ; coefficient maximum, 1,25.

Jardins autres que les jardins d'agrément et terrains affectés à la culture maraîchère, florale et d'ornementation, pépinières, coefficient minimum, 2 ; coefficient maximum, 4.

Terrains d'agrément, parcs, jardins, pièces d'eau : coefficient minimum, 1 ; coefficient maximum, 1,25.

Paiement par Mandat-Contributions de certains Impots Indirects

30. — (Décret du 19 Janvier 1922, *Journal Officiel*, 26 Janvier, p. 866).

Texte du décret :

Art. 1er. — Les impôts indirects suivants : taxe sur les billards, taxe sur les voitures automobiles, droit de licence, droit fixe sur les voitures en service d'occasion des entrepreneurs de transports publics, peuvent être acquittés dans les bureaux de poste au moyen du mandat spécial appelé « mandat-contributions ».

Le reçu de la poste est libératoire s'il est délivré en échange d'un mandat-contributions régulièrement établi.

Ne sont pas réclamés au contribuable les frais des actes de poursuite signifiés à une date postérieure à celle du mandat qui solde la dette exigible.

Art. 2. — Les dispositions prévues à l'art. 1er seront applicables à partir du 1er avril 1923.

Art. 3. — Le ministre des travaux publics et le ministre des finances sont chargés, chacun en ce qui le concerne, de l'exécution du présent décret, qui sera publié au *Journal officiel* et inséré au *Bulletin des lois*.

Création d'un sous-secrétariat d'État au ministère des finances

(Loi du 30 Mars et Décret du 31 Mars 1923)

Texte de la loi du 30 Mars :

31. — Article unique. — Il est institué un sous-secrétariat d'Etat au Ministère des Finances. [1]

(1) Le titulaire de ce sous-secrétariat est M. d'Aubigny, député de la Sarthe.

Texte du décret du 31 mars :

Art. 1er. — Le sous-secrétaire d'Etat au ministère des finances est chargé de suivre, pour le compte du ministre, la préparation des budgets des ministères et d'examiner tous les projets pouvant comporter un engagement de dépenses.

Il est chargé dc suivre et coordonner l'action des contrôleurs des dépenses engagées, en vue d'assurer le contrôle de l'exécution du budget.

Il est appelé en outre à traitet toutes les questions qui lui sont renvoyées par le ministre des finances.

Art. 2. — Le sous-secrétaire d'Etat a la délégation permanente de la signature du ministre pour toutes les affaires que le ministre renvoie à sa décision.

Art. 3. — Le ministre des finances est chargé de l'exécution du présent décrei.

RÉORGANISATION DE L'ADMINISTRATION CENTRALE DU MINISTÈRE DES FINANCES

32. — Deux décrets en date du 26 Avril 1923, promulgués au J. Off. du 27 Avril (pp. 4.076 et 4.077) modifient : le premier, le décret du 1er Décembre 1900 relatif à l'organisation de l'administration centrale ; le second, le plus important, la répartition des bureaux et des agents du cadre supérieur de l'administration centrale.

Texte du deuxième décret :

Le Président de la République française,

Sur le rapport du ministre des finances,

Vu l'art. 16 de la loi de finances du 29 décembre 1882 ;

Vu l'art. 35 de la loi de finances du 13 avril 1900 ;

Vu la loi de finances du 30 mars 1923.

Vu l'art. 1er du décret du 26 avril 1923 portant règlement sur l'organisation centrale du ministère des finances ;

Vu le décret du 10 novembre 1922,

Décrète :

Art. 1er. — L'administration centrale du ministère des finances comprend, outre le cabinet du ministre, le service de l'inspection générale des finances et la caisse centrale du Trésor public, neuf directions ou services.

Le nombre et les attributions des bureaux dont se composent ces services, ainsi que le nombre des directeurs, chefs de service, sous-directeurs, chefs et sous-chefs de bureau, en ce qui concerne les directions et services ci-dessous sont fixés conformément au tableau suivant :

(*Voir le Tableau à la page suivante*)

DIRECTIONS ou Services	BUREAUX	DIRECTEURS	Caissier-payeur central	CHEFS de service	Directeurs adjoints et sous-directeurs	CHEFS de bureau	SOUS-CHEFS de bureau
	Affaires réservées						
Cabinet du ministre...	1er bureau. — Bureau du cabinet et des travaux législatifs................................	»	»	»	»	1	1
	2e bureau. — Statistique et législation comparée. — Bibliothèque et archives............	»	»	»	»	1	2
	3e bureau. — Bureau des débits de tabacs et des recettes buralistes......................	»	»	»	»	1	
		»	»	»	»	3	4
Service du contentieux et agence judiciaire du Trésor...........	1er bureau. — Contentieux et agence judiciaire du Trésor............................	»	»	1	»	1	1
	2e bureau. — Oppositions.....................	»	»	»	»	1	1
		»	»	1	»	2	2
Direction du personnel et du matériel.......	1er bureau. — Administration centrale et administration ressortissant au ministère. — Emplois réservés. — Distinctions honorifiques..	»	»	»	»	1	2
	Contrôle du personnel et toutes questions d'ordre général concernant le personnel....	1	»	»	»	»	»
	2e bureau. — Matériel. — Contrôle et dépenses du matériel. — Impressions et contreseing.......................................	»	»	»	»	1	3
		1	»	»	»	2	5
Direction de la comptabilité publique.......	*Comptabilité publique*						
	1er bureau. — Bureau central et du personnel des trésoreries, des recettes, des finances et des perceptions..................................	»	»	»	»	1	4
	2e bureau. — Comptabilité des trésoriers-payeurs généraux..........................	»	»	»	»	1	3
	3e bureau. — Perception des contributions directes et des amendes et condamnations pécuniaires. — Service des receveurs des communes et établissements publics. — Retraites ouvrières et paysannes............	»	»	»	3	1	3
	4e bureau. — Comptabilité des colonies et des chemins de fer de l'Etat..................	»	»	»	»	1	1
	5e bureau. — Comptabilité des contributions indirectes, des douanes, de l'enregistrement, des postes et télégraphes.....................	1	»	»	»	1	3
	6e bureau. — Contrôle du payement des pensions..	»	»	»	»	1	1
	7e bureau. — Recouvrement de la contribution extraordinaire sur les bénéfices de guerre..	»	»	»	»	1	2
	Caisse centrale du Trésor public						
	1er bureau. — Bureau central..................	»	»	»		1	1
	2e bureau. — Vérification et contentieux des dépenses......................................	»	»	»	»	1	3
	3e bureau. — Operations en numéraires.......	»	1	»	1	1	4
	4e bureau. — Portefeuille......................	»	»	»	»	1	1
	5e bureau. — Comptabilité......................	»	»	»	»	1	4
	Service des émissions						
	1er bureau. — Bureau central de la comptabilité générale..............................	»	»	»	»	1	2
	2e bureau. — Caisse, portefeuille, bons et obligations....................................	»	»	»	1	1	2
	3e bureau. — Emprunts en rentes............	»	»	»	»	1	1
		1	1	»	5	15	35
Contrôle central du Trésor public.......	Contrôle de la caisse centrale et de la Dette inscrite..	»	»	1	»	»	4
		»	»	1	»	»	4
	Total..................................	7	1	2	11	41	102

La répartition des rédacteurs, commis d'ordre et de comptabilité, expéditionnaires et agents axiliaires dans les directions et bureaux est faite par arrêté ministériel.

Art. 2. — Le ministre des finances est chargé de l'exécution du présent décret, qui sera publié au *Journal Officiel* et annexé au décret du 26 avril 1923 portant règlement sur l'organisation centrale du ministère des finances.

Fait à Paris, le 26 avril 1923.

A. MILLERAND

Par le Président de la République :

Le ministre des finances,

CH. DE LASTEYRIE.

INDEX ALPHABÉTIQUE

Imp. BENDERITTER, rue Saint-Jacques, Le Mans. — 23564

Comité Central d'Études et de Défense Fiscale

21, Rue Croix-des-Petits-Champs, PARIS (1er Arrt)

BULLETIN D'ADHÉSION

Le soussigné (nom, prénoms, profession),..

demeurant à.., *rue*.., *département*..

déclare adhérer au **Comité Central d'Études et de Défense Fiscale,** *en qualité de membre* (1)..

Veuillez **trouver sous ce pli un chèque** *de* (2)..

Veuillez faire encaisser chez moi la somme de..

le...*19*...........

SIGNATURE :

(1) 1° *Membre promoteur* versant une cotisation annuelle de CINQ CENTS FRANCS.
2° *Membre actif* — — de TROIS CENTS FRANCS.
° *Membre sociétaire* — — de CENT FRANCS.

(2) Ne laisser subsister que le mode de paiement choisi.

N.-B. — Prière de renvoyer le présent Bulletin au Trésorier du COMITÉ CENTRAL, 21. rue Croix des-Petits-Champs, Paris.

Pour toute demande de tracts, programme, statuts et bulletin d'adhésion, s'adresser au Secrétaire Général du COMITÉ CENTRAL, 21, rue Croix-des-Petits-Champs, Paris (1er Arrond.)

Article 2. — Cette Association prend le nom de Comité Central d'Etudes et de Défense Fiscale.

Article 3. — Le siège de l'Association est fixé à Paris, rue Croix-des-Petits-Champs, 21.

Article 4. — L'Association comprend :

1° Des Membres Promoteurs qui paient une cotisation annuelle de . . . . 500 fr.
2° Des Membres Actifs qui paient une cotisation annuelle de. . . . . 300 fr.
3° Des Membres Sociétaires qui paient une cotisation annuelle de. . . . . 100 fr.

Article 5. — L'Association est représentée par un Conseil composé d'un Président, de plusieurs Vice-Présidents et Secrétaires, d'un Trésorier et de Membres Conseillers.

Les fonctions de Membres du Conseil sont gratuites.

Toutefois, le Secrétaire Général chargé de centraliser les services et d'en assurer le fonctionnement est rémunéré.

Article 6. — Le Conseil primitivement composé des fondateurs se recrute par voix de cooptation

Il a les pouvoirs d'administration les plus étendus dans les limites de l'objet social.

Article 7. — Chaque année le Conseil convoque une Assemblée Générale de tous les Membres de l'Association et fixe l'ordre du jour.

Article 8. — L'Assemblée Générale est valablement constituée quel que soit le nombre des Membres présents.

Article 9. — Dans toute Assemblée Générale, chaque Membre promoteur a droit à *cinq voix*, chaque Membre actif a droit à *trois voix*, chaque Membre sociétaire a droit à *une voix*.

Article 10. — En cas de dissolution, qui ne pourra être prononcée qu'au cours d'une Assemblée Générale réunie à cet effet, le Conseil a seule qualité pour procéder à la liquidation de l'Association et à l'attribution de l'actif social.

Les Membres du Comité Central ne pourront sous aucun prétexte prétendre à une part quelconque de cet actif, qui sera attribué à une Association ayant un objet analogue.

Le Comité Central d'Etudes et de Défense Fiscale a, à côté de ses services d'études générales pour la défense des principes généraux dont il se réclame, un service annexe de consultations orales ou écrites qui étudie, dans l'intérêt de ses adhérents seuls, les cas spéciaux les concernant.

Nos plus récentes Publications :

LES NOUVELLES RESSOURCES FISCALES

créées par la Loi du 25 Juin 1920

y compris les Dispositions de la Loi du 31 Juillet relatives aux

Bénéfices de Guerre

PRIX : **5 francs**

AOUT 1920

L'IMPOT SUR LE CHIFFRE D'AFFAIRES

PRIX : **5 francs**

SEPTEMBRE 1920

LES DISPOSITIONS FISCALES

contenues dans la Loi de Budget de 1920

(Loi du 31 Juillet 1920)

PRIX : **2 francs**

SEPTEMBRE 1920

LE PRIVILÈGE DU TRÉSOR

en matière de

BÉNÉFICES DE GUERRE

PRIX : **1 franc**

MARS 1921

Les Dispositions Fiscales

des Lois d'Avril et Mai 1921

PRIX : **2 francs** JUIN 1921

Les Dispositions Fiscales

de la Loi du Budget de 1922

PRIX : **2 francs** JANVIER 1922

Les Dispositions Fiscales

des Lois de Juin et Juillet 1923

PRIX : **2 francs** AOUT 1922

Règlementation de l'Exercice du Privilège du Trésor

sur les Immeubles, Fonds de Commerce et Navires

en Matière de Bénéfice de Guerre

(Loi du 10 Août 1922)

PRIX : **2 francs** AOUT 1922

Il est fait une remise de 40 % sur les prix indiqués en faveur de nos adhérents. Le Comité Central a publié des additifs aux brochures ci-dessus indiquées et qu'il y joint sans augmentation de prix.

www.ingramcontent.com/pod-product-compliance
Ingram Content Group UK Ltd.
Pitfield, Milton Keynes, MK11 3LW, UK
UKHW022149170726
13837UKWH00004B/1888